JN163779

魔女やおばけに変身！

楽しいハロウィン工作

❶ かぼちゃ・ドラキュラほか

いしかわ☆まりこ

汐文社

はじめに

～ようこそ、ハロウィン工作の世界へ～

ハロウィンといえば仮装！

今年は何を着ようかな…！？

この本で着たいコスチュームをさがしてみよう！

魔女にドラキュラにかぼちゃ…

着てみたい衣装が、どれも身近に手に入る材料で簡単にできるよ。

ハロウィンを楽しむためのアイデアやヒントもいっぱい。

帽子やおめんだけでもハロウィン気分になれるから

ぜひ、どんどんチャレンジしてね！

さあ、ポリ袋や折り紙でオリジナルのコスチュームをつくって

楽しく変身しちゃおう！

Happy Halloween ！！

ステキな思い出をつくってね。

いしかわ☆まりこ

もくじ

この本でつかうおもな材料 … 4
この本でよくつかう道具やべんりアイテム／
この本によく出てくるマーク／
この本でのおやくそく … 5

Happy Halloween!
ハッピー　ハロウィン！ … 6

Cheers!
カンパーイ！ … 7

魔女 … 8

リトル Witch … 10

ドラキュラ … 12

かぼちゃ … 14

フランケンシュタイン
… 16

Boo!
ばあ！ … 18

Trick or Treat!
おかしをくれないと、いたずらしちゃうぞ！ … 19

くろねこ … 20

がいこつ … 22

デビル … 24

おばけ … 26

モンスター … 28

スパイダー … 30

かんたん へんしん　おめん … 32
かんたん へんしん　スリッパ … 34
あるとべんり！　アイテム＆型紙 … 36

この本でつかうおもな材料

いろんな色がある。この本では45リットルサイズをおもにつかうよ。黒は70リットル、90リットルも！

ポリ袋

レジ袋

色画用紙

発泡スチロール製どんぶり

カチューシャ

折り紙

輪ゴム・平ゴム

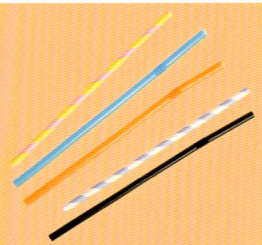

ストロー

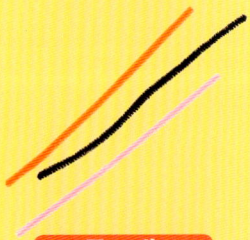

モール

リボン

紙皿

紙袋

新聞紙

デコレーションボール（ぼんてん）

トイレットペーパーのしん

毛糸

ティッシュの箱

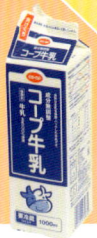

牛乳パック

☆ほかにも厚紙、子ども用のレインコートなどもつかっているよ。

この本でよくつかう道具やべんりアイテム

☆ほかにも穴あけパンチ、
カッターなどもつかっているよ。

はさみ

めうち

ペン

セロハンテープ

ガムテープ

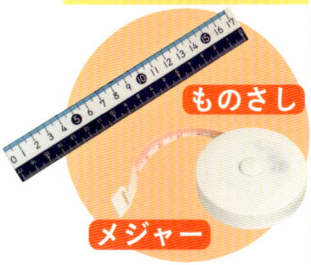
ものさし
メジャー

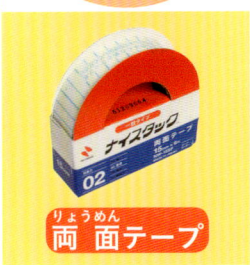

両面テープ

木工用ボンド

のり

マスキングテープ

この本によく出てくるマーク

はさみ

セロハンテープ

ボンド

両面テープ

のり

油性ペン

テープ類
ガムテープ
キラキラテープ
マスキングテープ

この本でのおやくそく

- はさみをつかうときは、机に向かってすわり、まわりに人がいないことをたしかめてつかうよ。カッター、めうちをつかうときは、かならずおとなの人といっしょにね。
- じぶんの手を切らないように気をつけてね。
- ポリ袋はかぶって遊ぶとあぶないよ。P26の「おばけ」のようなかぶりものをつくるときは、空気穴をかならずあけてね。
- ポリ袋の衣装を着るときは、モデルさんのように中にロングTシャツやタイツ、長ズボンなどを着用してね。肌にじかに着るためのものではないよ。
- 目安としてモデルさんの身長を書いています。じぶんのサイズに合わせてつまんではったり、丈を切ったりして調整してね。

魔女（まじょ）のつくりかたは P8
かぼちゃのつくりかたは P14

ドラキュラのつくりかたは P12
フランケンシュタインのつくりかたは P16

魔女

星のペンダントは
P36を見てね！

Back

ぼうし

材料　市販のとんがりぼうし（何色でも）1つ、折り紙 7.5 × 7.5 センチ（黄色）3枚、色画用紙 20 × 30 センチ（黒）2枚、25 × 45 センチ（黒）各1枚、毛糸（極太）1玉、ポリ袋（むらさき）50 × 10 センチ、平ゴム（黒）70 センチ、リボン（むらさき）60 センチ

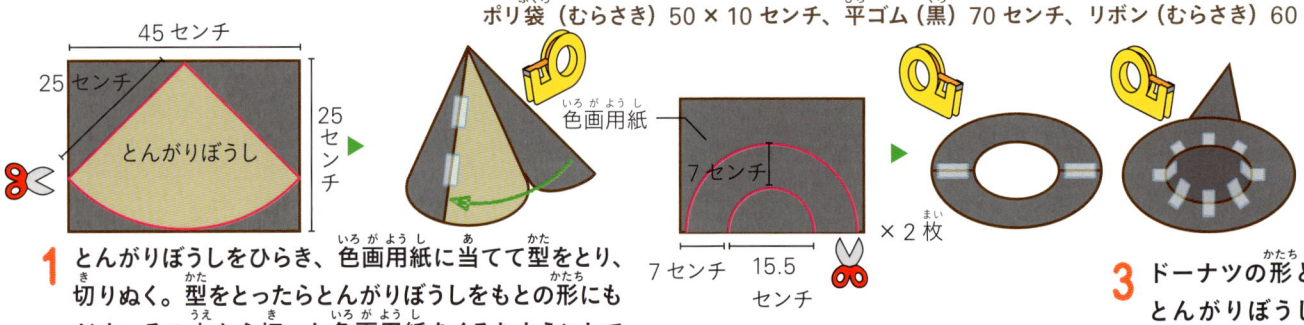

1 とんがりぼうしをひらき、色画用紙に当てて型をとり、切りぬく。型をとったらとんがりぼうしをもとの形にもどす。その上から切った色画用紙をくるむようにしてはる。

※とんがりぼうしがないときは、厚手の紙や工作用紙を図のように切ってつかおう

2 20 × 30 センチの色画用紙を図のような形に2枚切ってテープでとめ、ドーナツの形をつくる。

3 ドーナツの形ととんがりぼうしをくっつける。

ワンピース

材料 ☆モデルさんは 153 センチです。身長に合わせて調整してね！
ポリ袋 90 リットル（黒）1 枚、ガムテープ（黒）

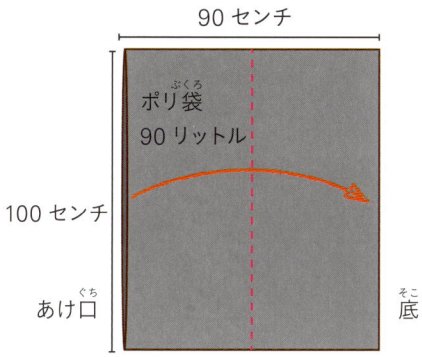

1 ポリ袋を 2 つに折る。

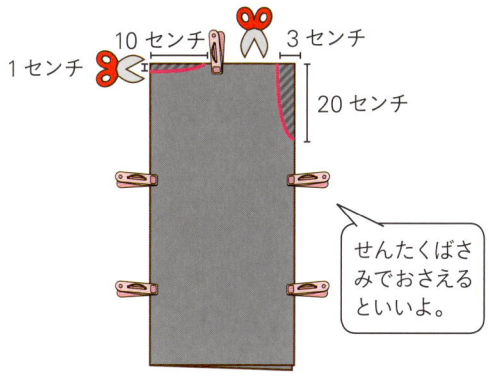

2 首、うでが出るところを切りとる。

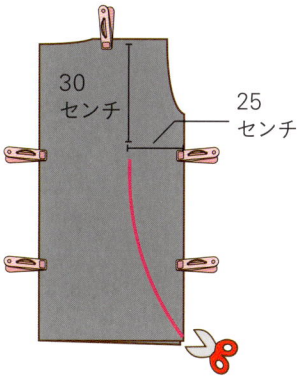

3 そでの切りこみを入れる。

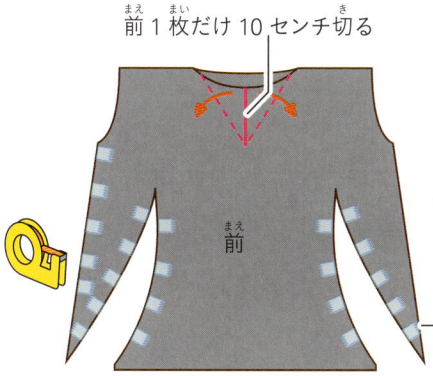

4 そでのふちをそれぞれテープではりあわせる。前のまん中に切りこみを入れ広げてはる。

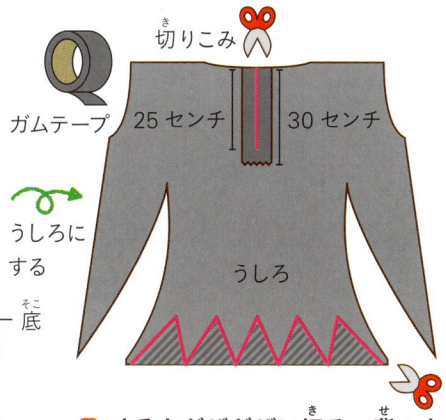

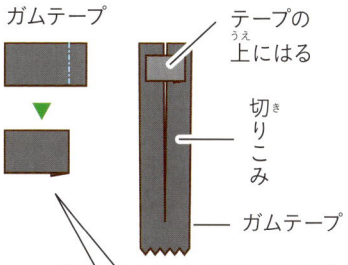

着てからテープでとめてね。先を少し折ったテープをはっておくとつけたりはずしたりしやすいよ！

5 すそをギザギザに切る。背のまん中にガムテープをはって切りこみを入れ、着てからガムテープでとめる。

ほうき

材料 新聞紙 10 枚くらい、キラキラテープ

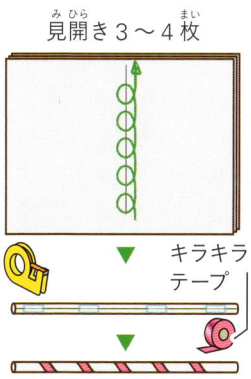

1 3 ～ 4 枚重ねた新聞紙をぐるぐる丸めてテープでとめる。その上をキラキラテープでかざる。

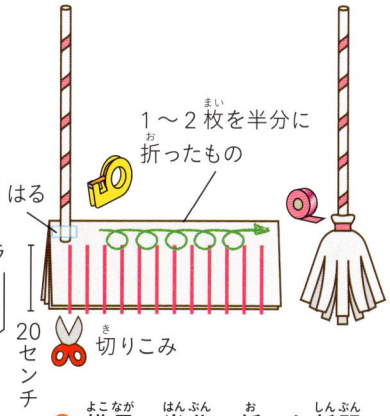

2 横長に半分に折った新聞紙に切りこみを入れたものを 1 にぐるぐるまいてテープでとめる。

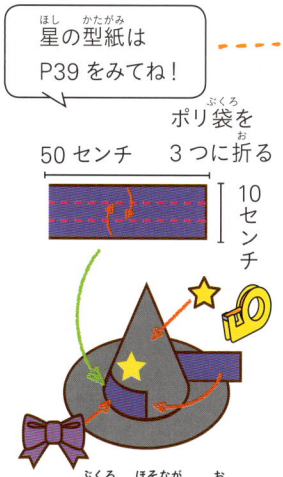

4 ポリ袋を細長く折ったものをまきつけてはる。星のかたちを切ったものと結んだリボンをはる。

5 毛糸の髪の毛、平ゴムをつける。

☆平ゴムの色はわかりやすいように白く表示しています。

リトル Witch

Back

ぼうしカチューシャ

材料 フェルト（黒）20 × 20 センチ 1 枚、デコレーションボール（小）2 つ、フェルト（こいピンク）1 × 18 センチ、カチューシャ 1 つ

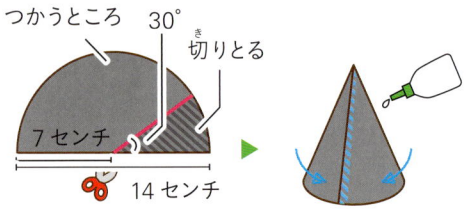

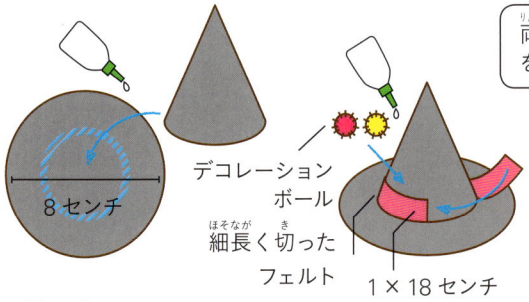

1 黒のフェルトで 14 センチの半円をつくり、▨部分は切りとる。丸めてはりあわせて、とんがりぼうしをつくる。

2 丸く切ったフェルトにとんがりぼうしをのせてはる。

3 かざりをつける

4 ぼうしのうらをカチューシャにはる。

チュニック

材料 ☆モデルさんは 127 センチです。身長に合わせて調整してね！
ポリ袋　45 リットル（黒、むらさき）各 1 枚、
キラキラデコレーションボール　大 小 合わせて 10 個くらい

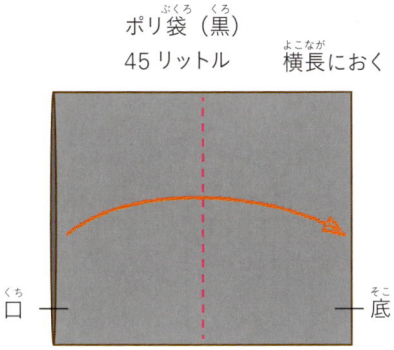

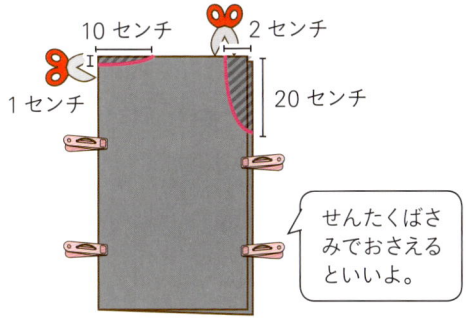

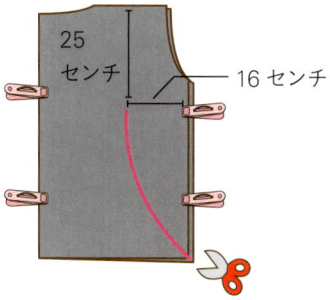

1 ポリ袋を 2 つに折る

2 首、うでが出るところを切りとる。

3 そでの切りこみを入れる。

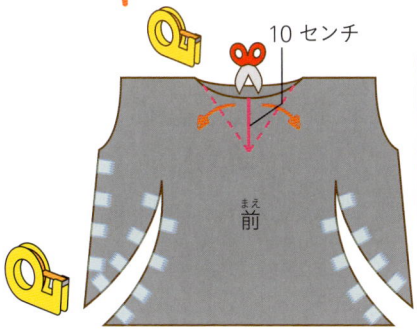

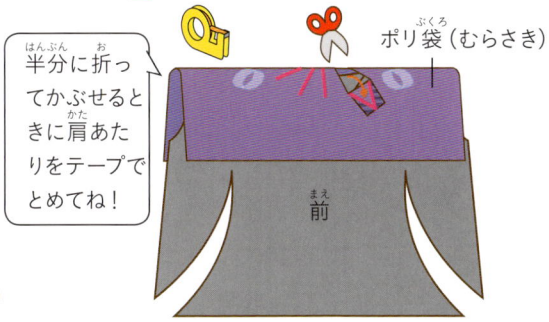

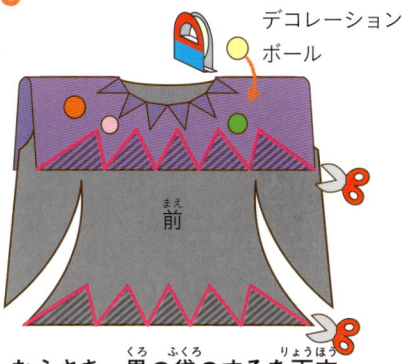

4 そでのふちをそれぞれテープではりあわせる。前のまん中に切りこみを入れ、広げてはる。

5 むらさきのポリ袋を半分に折ってかぶせとめる。首のところに切りこみを入れ、三角の形に切る。

6 むらさき、黒の袋のすそを両方、ギザギザに切る。デコレーションボールをかざる。うしろも同じようにする。

スカート

材料 ポリ袋 45 リットル（ピンク）2 枚、平ゴム（白）100 センチ

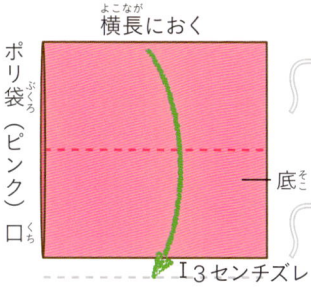

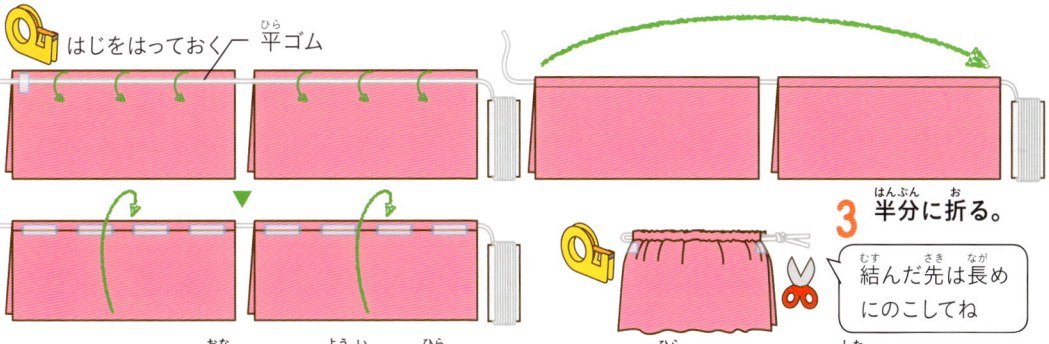

1 3 センチくらいはみでるように折る。

2 もうひとつ同じものを用意し、平ゴムをはさんで折ってテープでとめる。手前の 1 枚だけうしろにめくる。

3 半分に折る。

4 平ゴムをはさんだ下をテープでとめ、平ゴムをひっぱってウエストに合わせてギャザーをよせて玉結びする。

ステッキ

材料 折り紙（黄色）1 枚、ストロー（曲がらないタイプ）2 本

1 ストローを 2 本つなげる。

2 ストローに折り紙の星をはりつける。

星の折りかたは P36 をみてね！
まがるストローをつかうときは、
まがるところを切ってからつくってね！

ドラキュラ

ぼうし

材料 厚紙（黒）八つ切り１枚　もしくは　工作用紙に黒い画用紙をはったもの、リボン（金）30センチ、紙コップ（450mlサイズ）１つ、折り紙（黒）２～３枚、カチューシャ１つ

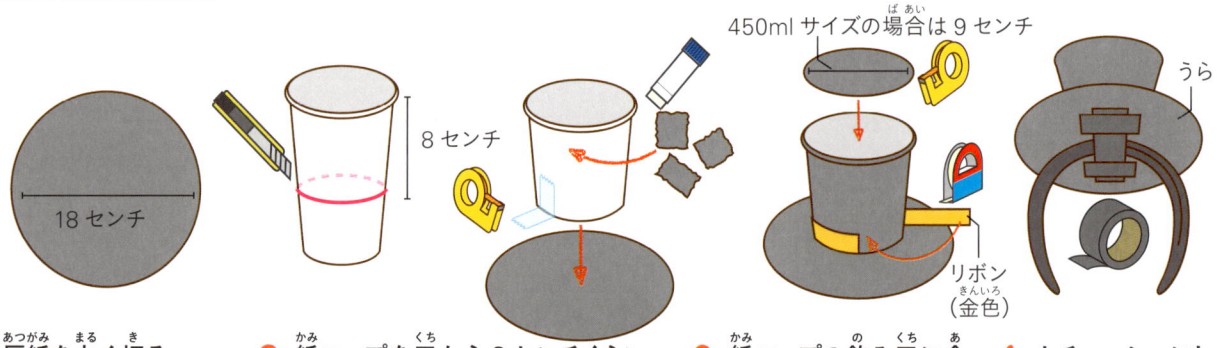

1 厚紙を丸く切る。

2 紙コップを口から８センチくらいで切る。折り紙をちぎってはり、1につける。

3 紙コップの飲み口に合わせて厚紙を丸く切り、ふたをしてはる。

4 カチューシャにしっかりとはる。

ベスト

材料 ☆モデルさんは 128 センチです。身長に合わせて調整してね！
ポリ袋 45 リットル（赤）半分、ポリ袋 45 リットル（白）半分、ガムテープ（赤）
画用紙　八つ切り　1 枚、アルミホイル 25センチ幅　20 センチ

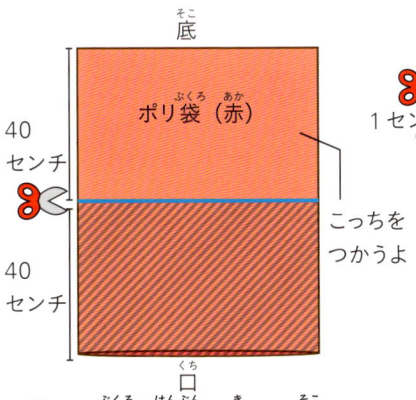

1 ポリ袋を半分に切る。底の半分をつかう。

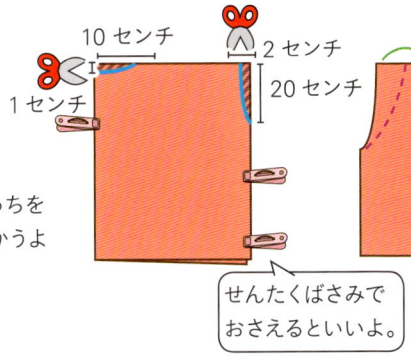

2 首、うでが出るところを切りとる。

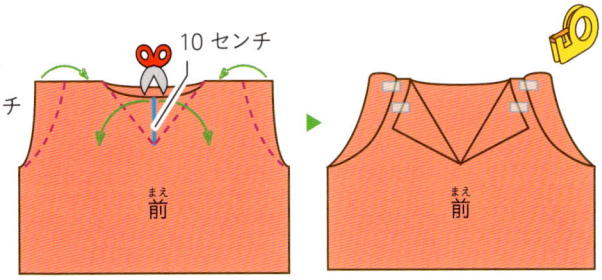

3 うでのところのあなをまくってはりつける。前の 1 枚の首のまん中に切りこみを入れ、広げてテープではる。

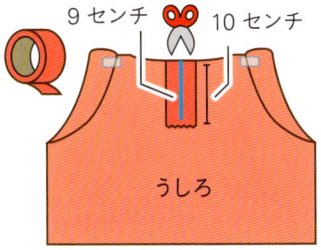

4 うらがえしてまん中にテープをはってから切りこみを入れる。上からテープでとめる。

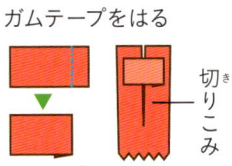

先を少し折ったテープをはっておくとつけたりはずしたりしやすいよ！

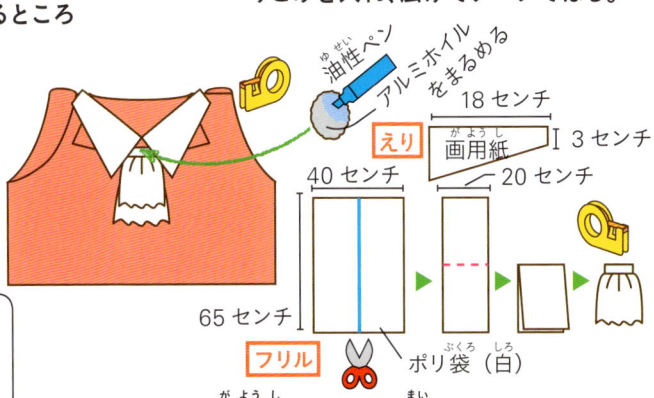

5 画用紙でえりを 2 枚つくりベストにテープではる。白いポリ袋のフリルとアルミホイルを丸めて色をぬったかざりをつける。

マント

材料 ポリ袋 90 リットル（黒）1 枚、45 リットル（黒）半分、平ゴム（黒）2 メートル

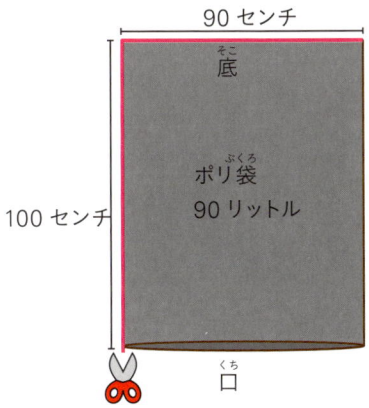

1 90 リットルのポリ袋を切りひらく。

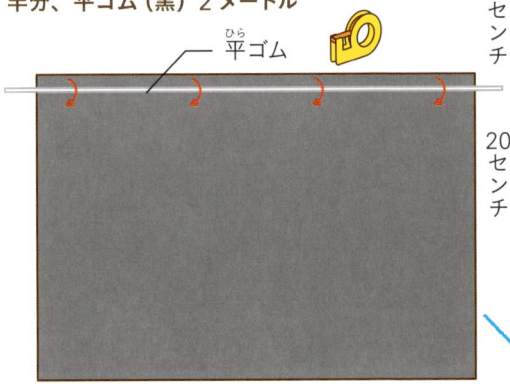

2 平ゴムをはさんでとめる。

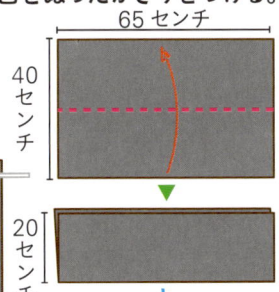

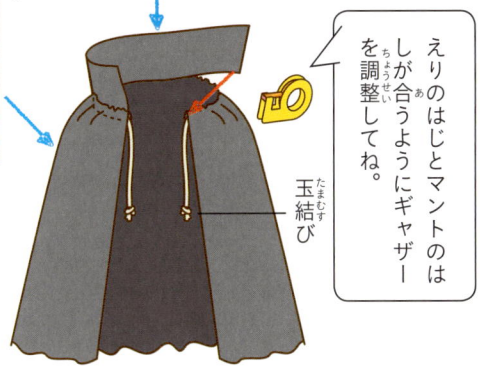

3 平ゴムをひっぱってギャザーをよせる。長い分は切って、先は玉結びする。半分に切った 45 リットルのポリ袋をさらに半分に折ったものをマントの内側にテープで何か所かとめて、マントのえりにする。

☆平ゴムの色はわかりやすいように白く表示しています。

かぼちゃ

Pum
Pum
Pumpkin!

ぼうし

材料 色画用紙 八つ切り（オレンジ）1枚、モール（緑）1本、水切りネット（黄）1枚、マスキングテープ、ヘアピン（アメリカピン）2本

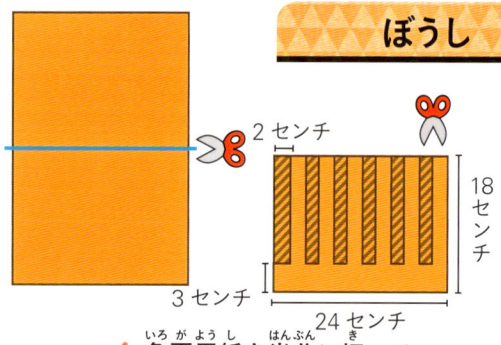

1 色画用紙を半分に切って、図のように2枚とも切る。

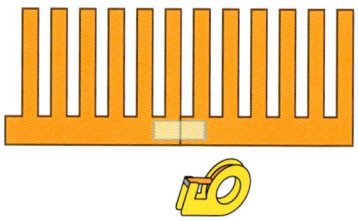

2 2枚をつなげる。

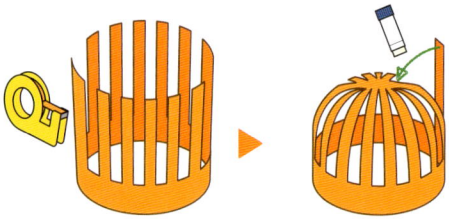

3 わっかにする。1枚ずつ重ねてはる。

ベスト

☆モデルさんは 127 センチです。身長に合わせて調整してね！

材料 ポリ袋 45 リットル（オレンジ）1 枚、色画用紙　八つ切り（黒）1 枚、リボン（ピンク）2 メートル

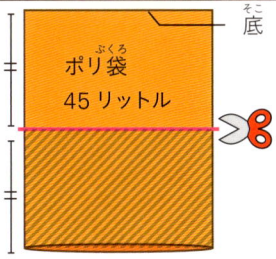

1 半分に切る。底の半分を使う。

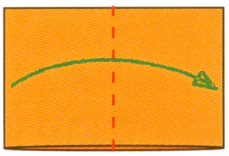

2 半分に折って首、うでのところを切る。

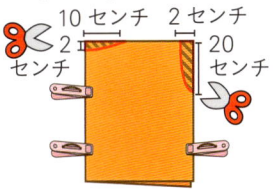

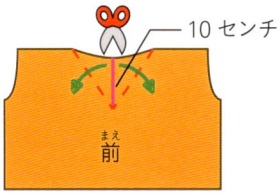

3 首のところに切りこみを入れ広げてえりをつくる。

顔の型紙は P37 をみてね！

各 1 メートル

4 すその前後にリボンをはさんでとめる。

5 左右のリボンをひっぱってむすぶ。

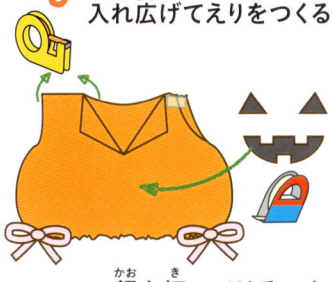

2 つに折って切るといいよ！！

6 顔を切ってはる。かたをたばねてとめる。

スカート

材料 ポリ袋 45 リットル（白、緑）各 2 枚、平ゴム（白）100 センチ

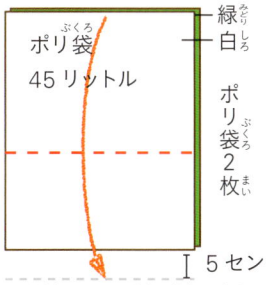

1 緑のポリ袋の上に白を重ねてはみだすように折る。

2 もうひとつ同じものを用意し、平ゴムをはさんで折ってテープでとめる。手前の 1 枚だけうしろにめくる。

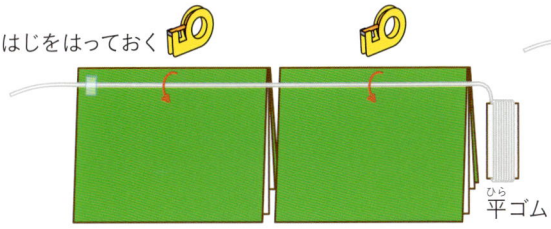

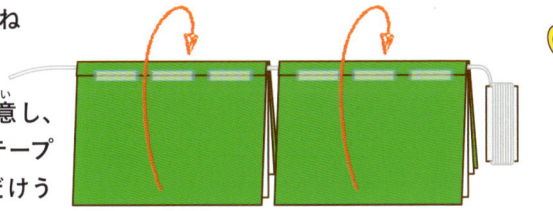

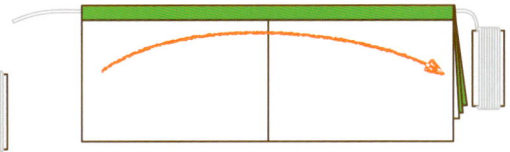

3 半分に折る。

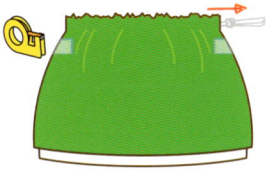

4 ゴムをはさんだ下をテープでとめ、ゴムをひっぱってウエストに合わせてギャザーをよせて玉結びする。

1 で切りとったところでつくるよ！

4 細長い紙をくるくる丸めて上につける。

モールをえんぴつにまきつけたよ

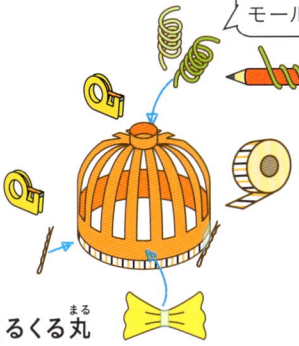

5 モールや、水切りネットのリボンをはる。ヘアピンで髪の毛にとめる。

リボン

水切りネット

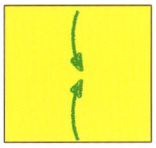

水切りネットをたばねてまん中をセロハンテープでとめる。

フランケンシュタイン

Frankenstein!

上着

材料 大きめの紙袋（体が入る大きさ）1枚、マスキングテープ、色画用紙（黄色）5センチ×10センチ

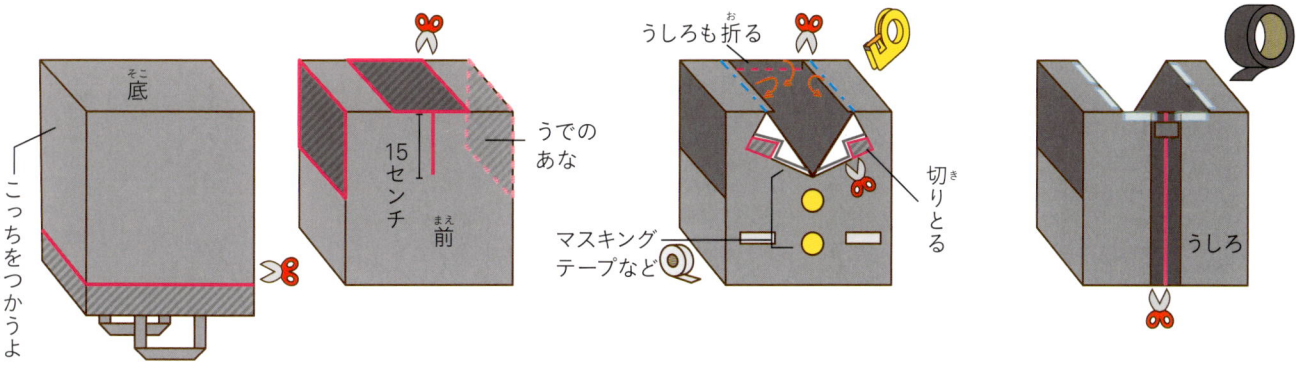

1 紙袋の持ち手の方を切りとる。

2 底に首のあな、横にうでのあなをあける。前のまん中に切りこみを入れる。

3 2で入れた切りこみを広げ、図の部分を切りとってえりをつくる。首のあなの横とうしろのふちを折ってテープをぐるっとはる。

4 うしろがわのまん中に黒いガムテープをはってから、テープごと切りはなす。着てからテープでいちばん上をとめる。

頭

材料 紙袋（頭が入る大きさ）（茶色）1枚、毛糸（カラフル）、トイレットペーパーのしん2本

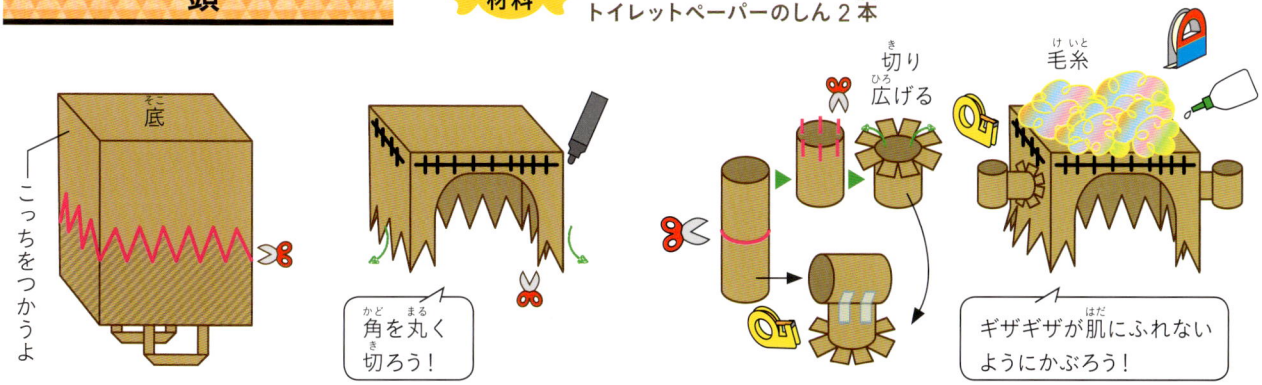

1 紙袋を底から半分くらいの位置でギザギザに切る。

2 おでこが出るよう丸く切りとる。ぬい目をかく。ギザギザを外にむけてくせをつける。

3 トイレットペーパーのしんを半分に切り、図のように組み合わせる。これを2つつくる。

4 3を紙袋の両側にはり、毛糸を上にはりつける。

うで

材料 紙袋（小さめサイズ）（茶色）2枚

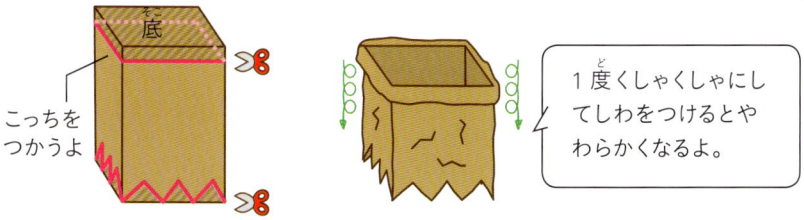

1 底を切りとり、口の部分をギザギザに切る。

2 しわをつけてふちを外側に丸める。同じものを2枚つくる。

くろねこのつくりかたは P20
モンスターのつくりかたは P28

I'll be a Ghost!

ぼくは「おばけ」になるよ！

Wow, Okay.
I'll be a Spider!

わお、いいね！
ぼくは「くも」になるよ！

Trick or
Treat!

おかしをくれないと、
いたずらしちゃうぞ！

おばけのつくりかたは P26
スパイダーのつくりかたは P30

くろねこ

ベルト

材料　色画用紙（黒）八つ切り2枚半、ポリ袋45リットル（ピンク）4分の1

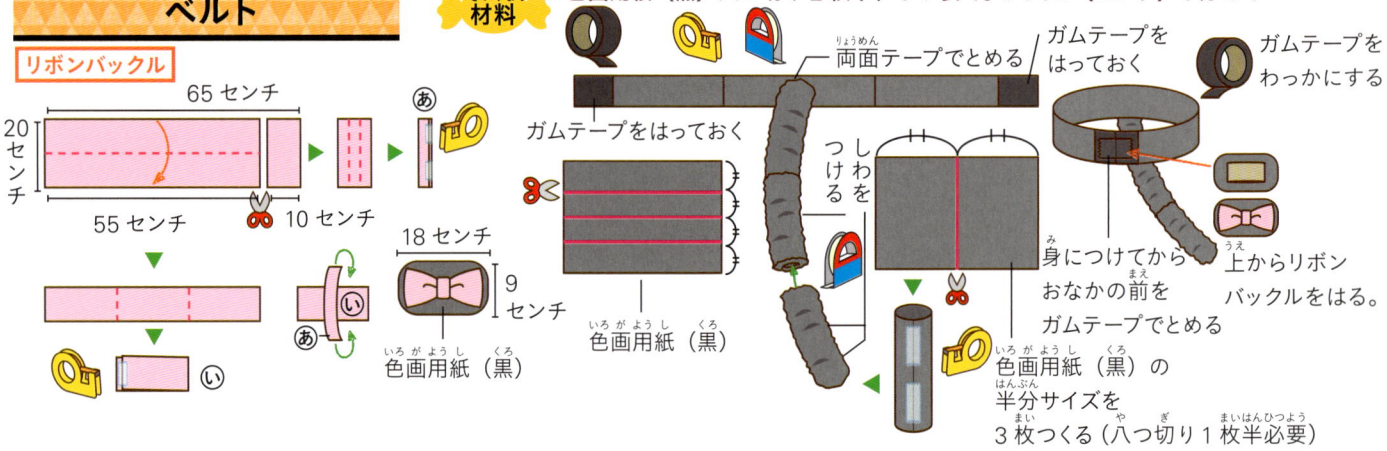

1 ポリ袋4分の1を図のように切りわける。それぞれ三つ折りしてとめあいをつくる。いにあをまきつけリボンをつくり、図のように切った色画用紙にはる。

2 色画用紙を4等分に切ってつなげ、ウエストに合わせてベルトをつくる。別の色画用紙を半分に切ってわっかにしたものを3つつくり、つなげてしっぽにする。ベルトにはる。

ベスト

材料 ☆モデルさんは 153 センチです。身長に合わせて調整してね！
ポリ袋　45 リットル（黒）1 枚、平ゴム（白）80 センチ

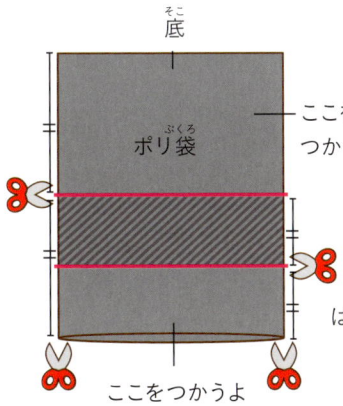

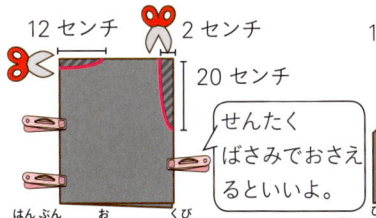

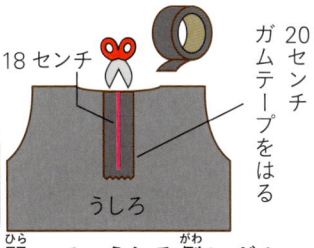

1 ポリ袋を半分に切る。あけ口のほうの半分をさらに半分に切る。

2 半分に折って首、うでが出るところを切りとる。

3 開いて、うしろ側にガムテープをはり、切りこみを入れる。

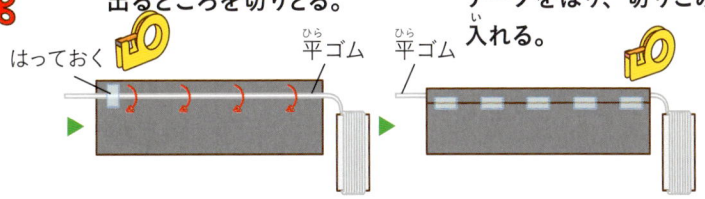

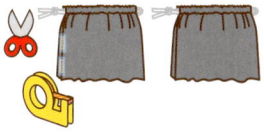

4 そでをつくる。4 分の 1 サイズを切り広げて 2 枚にする。それぞれに平ゴムをはさんでとめる。

5 平ゴムをはさんだ下をテープでとめ、ひっぱって玉結びして、あまった分は切る。

ズボン

材料 ポリ袋 45 リットル（黒）半分、平ゴム（白）80 センチ

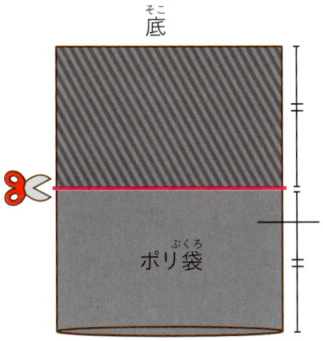

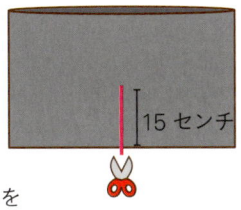

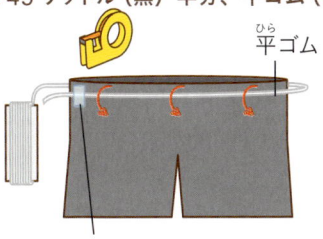

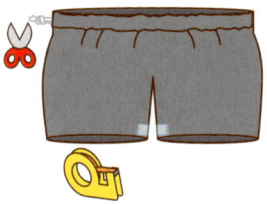

1 ポリ袋を半分に切る。

2 2 枚一緒にまん中に切りこみを入れる。

3 平ゴムをぐるっと一周はさんでテープでとめる。

4 平ゴムをひっぱってウエストに合わせてギャザーをよせ、玉結びして、あまった分は切る。すその先だけをテープではりあわせる。

ねこ耳カチューシャ

材料 色画用紙（黒）20 × 24 センチ、（ピンク）10 × 12 センチ、カチューシャ 1 つ

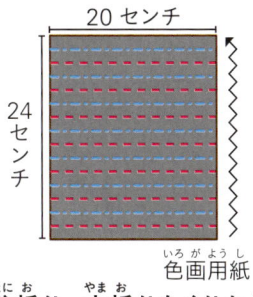

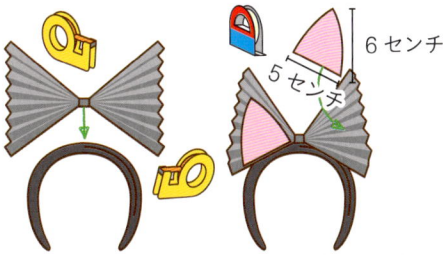

1 谷折り・山折りをくりかえしてじゃばらをつくる。

2 まん中をテープでとめてからカチューシャにつける。

3 三角に切ったピンクの色画用紙をはる。

がいこつ

Trick or Treat!

ぼうし

材料

発泡スチロール製どんぶり（大きめ、直径 18 × 高さ 8 センチくらい）1 個、
ポリ袋　45 リットル（白）半分、色画用紙（黒）10 × 15 センチ、
コピー用紙または白い折り紙 5 × 7 センチ

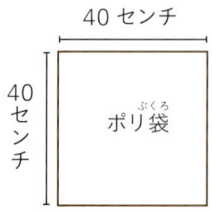

1 ポリ袋を 40 × 40 センチくらいに切る。

2 どんぶりにポリ袋をかぶせる。

3 くるんで内側ではりつける。

4 歯を内側にはる。
目や鼻をはる。

型紙

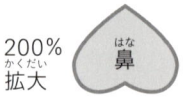

上着

材料 ☆モデルさんは 128 センチです。身長に合わせて調整してね！
ポリ袋 45 リットル（黒）2 枚、コピー用紙 B4 サイズもしくは画用紙八つ切り 3 枚

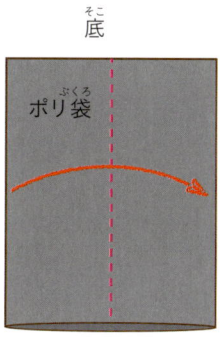

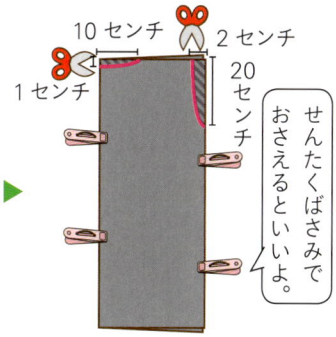

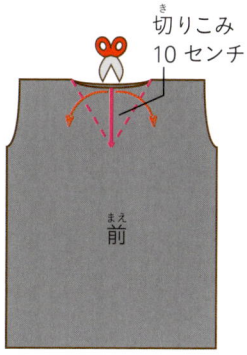

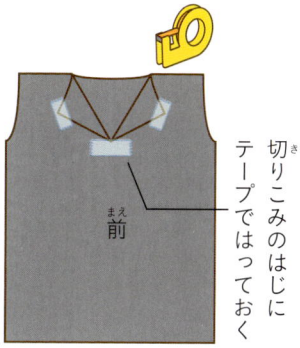

1 半分に折る。

2 首、うでが出るところを切りとる。

3 前の 1 枚のまん中に切りこみを入れ、広げてはる。

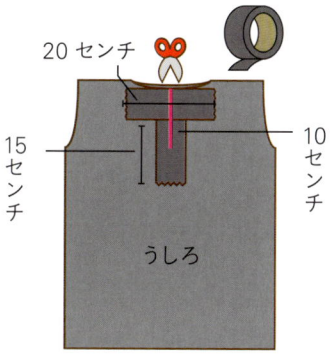

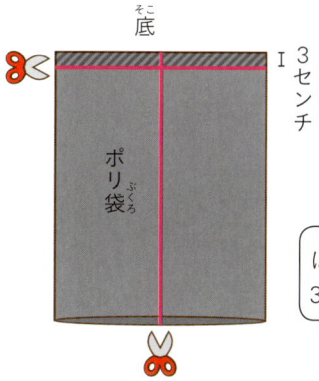

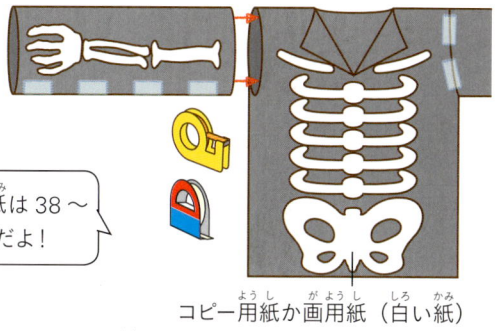

4 うらがえして、首と背中に T の字にガムテープをはり、その上の切りこみを入れる（着たあとで上からテープでとめる）。

5 そでをつくる。底を切りとり、たて半分に切る。

6 うでの穴とそでの穴を合わせて、ぐるっとはりあわせる。コピー用紙か画用紙でほねのかたちを切り、はりつける。

ズボン

材料 ポリ袋 45 リットル（黒）1 枚、靴下（黒）1 足、平ゴム（白）100 センチ
コピー用紙 B4 サイズもしくは画用紙八つ切り 1 枚

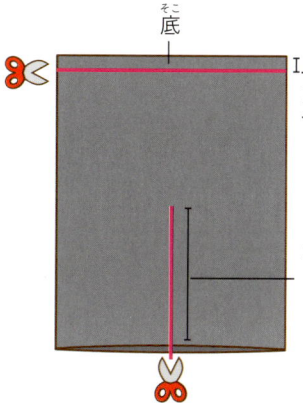

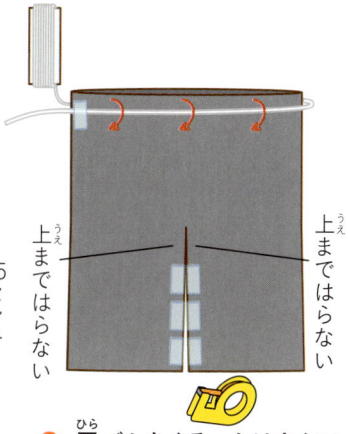

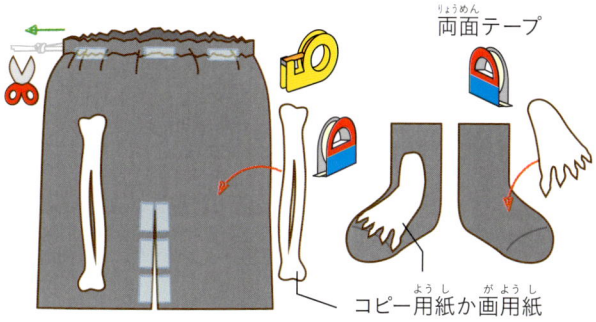

1 底を切りとる。2 枚いっしょに半分のところにあけ口から切りこみを入れる。

2 平ゴムをぐるっとはさんでとめる。切りこみのところをはりあわせる。

3 平ゴムをひっぱってウエストに合わせてギャザーをよせて、玉結びをする。コピー用紙か画用紙でほねのかたちを切り、はりつける。靴下にもほねの形をはる。

デビル

Have fun!

Happy Halloween

Back

ベストとスカートを着て、上からベルトをつけるよ。

はねのつくりかたは P37 をみてね！

つのカチューシャ

材料 フェルト（赤）20 × 20 センチ　1 枚、カチューシャ 1 つ

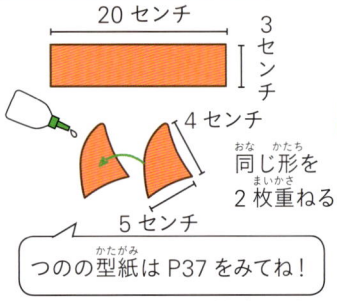

つのの型紙は P37 をみてね！

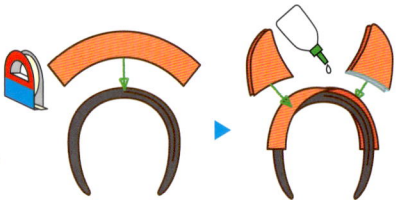

1 赤いフェルトで細長い形と、2 枚重ねのつのの部分を 2 つつくる。

2 カチューシャに細長いフェルトをはる。その上につのをはる。

ステッキ

材料 色画用紙　八つ切り（黒）1 枚、（赤）10 × 10 センチ

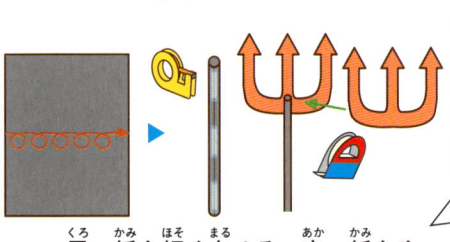

型紙は p37 をみてね！

黒い紙を細く丸める。赤い紙をやりの形に切ってはる。

ベスト

材料 ☆モデルさんは 127 センチです。身長に合わせて調整してね！
ポリ袋 45 リットル（赤）1 枚

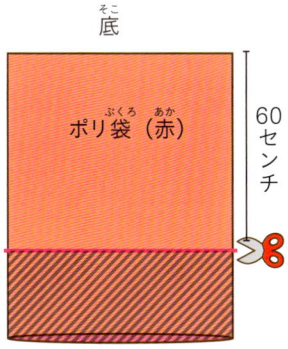

1 ポリ袋を底から 60 センチくらいで切る。

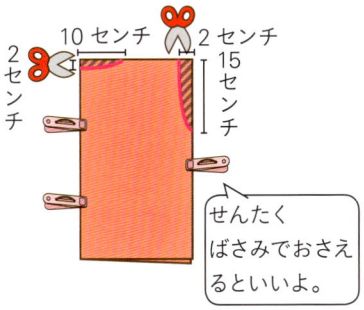

2 半分に折って首、うでが出るところを切る。

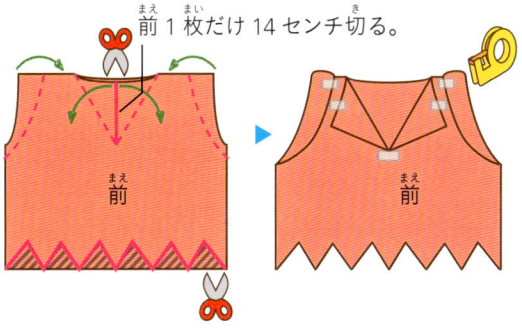

3 まん中に切りこみを入れ、広げてはる。そでを 1 回めくってとめる。すそをギザギザに切る。

ベルト

材料 厚紙（ボール紙）20 × 30 センチ、ポリ袋 45 リットル（黒）半分、
丸ゴム（ピンク）1 メートル（太めのヘアゴムがおすすめ！）

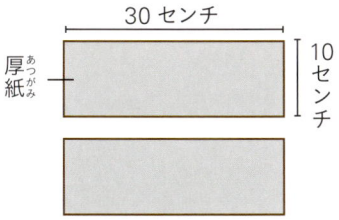

1 厚紙を 2 枚長方形に切る。

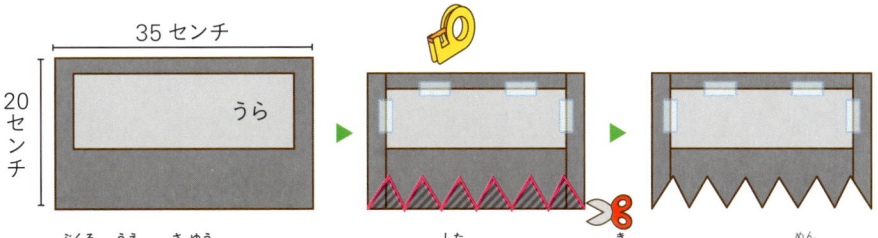

2 ポリ袋で上と左右をくるむようにはり、下はギザギザに切る。同じものを 2 つつくる。

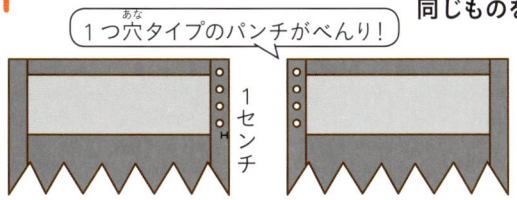

3 穴あけパンチで右はじと左はじから 1 センチくらいのところに 4 か所穴をあける。

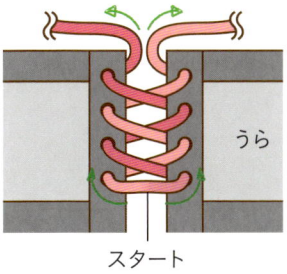

4 ゴムをうらからスタートして図のようにとおしてちょう結びする。

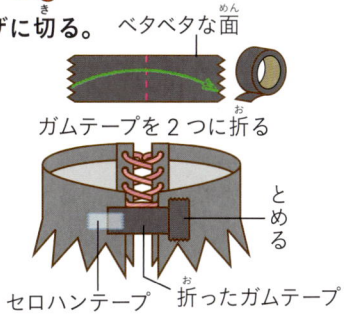

5 着るときはうしろでとめて調整する。

スカート

材料 ポリ袋 45 リットル（赤、黒）各 1 枚、平ゴム（黒）1 メートル

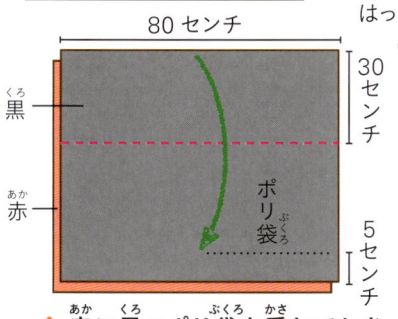

1 赤に黒のポリ袋を重ねておき、下から 5 センチ残して折る。同じものを 2 組つくる。

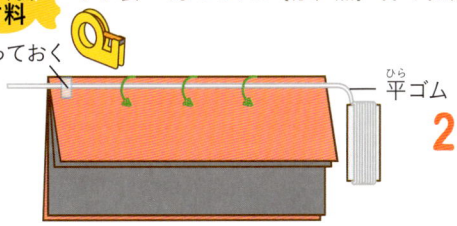

2 平ゴムをはさんでとめる。

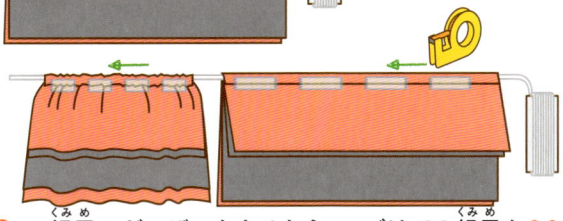

3 1 組目のギャザーをよせたら、つづけて 2 組目も 2,3 をくり返す。

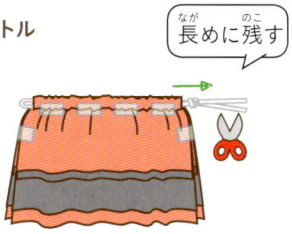

4 ゴムをはさんだ下をテープでとめ、ギャザーをよせてウエストに合わせて平ゴムの先どうしを玉結びする。

おばけ

かぶりもの

材料 ポリ袋　45リットル（白）1枚、紙皿（白・18センチ）1枚、発泡スチロール製どんぶり（大きめ、直径18センチ×高さ8センチくらい）1個　ホイル折り紙（水色、金）各1枚

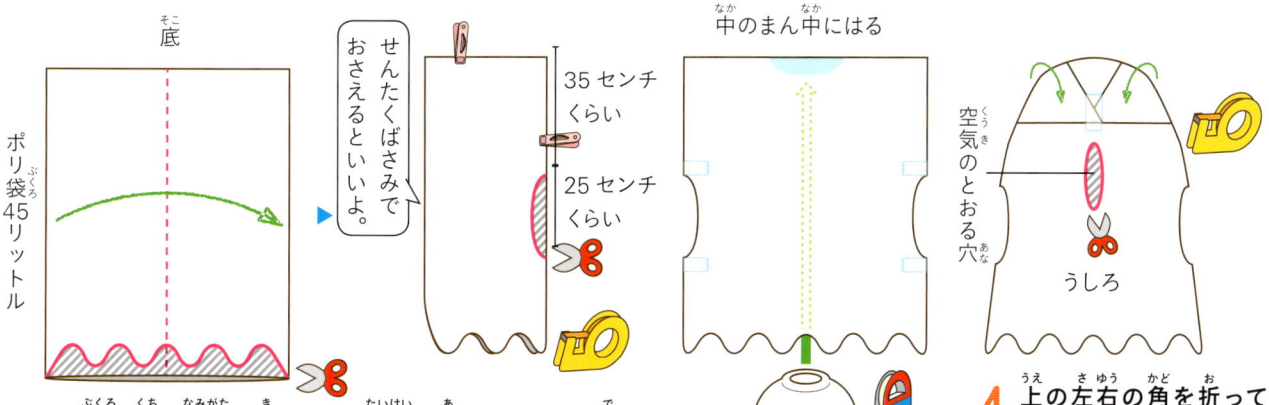

1 ポリ袋の口を波形に切り、半分に折る。

2 体型に合わせてうでが出るところを切りとる。両はじをとめる。

3 どんぶりを袋の中に入れて、底の部分にはる。

4 上の左右の角を折ってうしろではり、頭を丸くする。空気のとおる穴をあける。

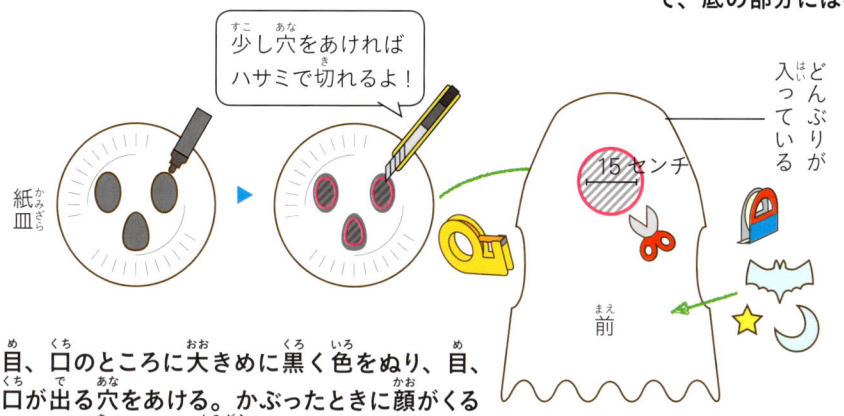

5 目、口のところに大きめに黒く色をぬり、目、口が出る穴をあける。かぶったときに顔がくるところを切りとり、紙皿をはりつける。
ホイル折り紙に両面テープをはって、型紙のとおりのかざりを切りはる。

型紙

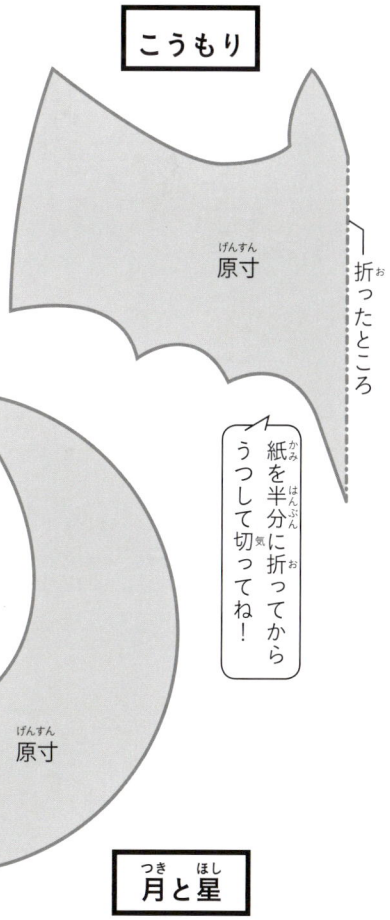

かんむり

材料 色画用紙（オレンジ、ピンク）　八つ切り各1枚、（水色）10×10センチ

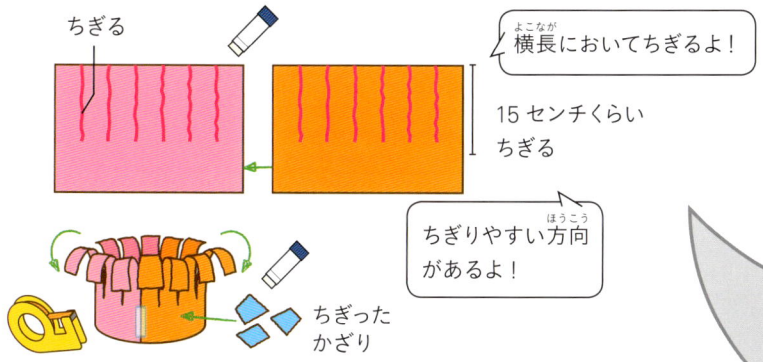

色画用紙を指で図のようにちぎる。2枚つなげて自分の頭に合わせてわにしてとめる。上の方を指で外側にむけてくるっとくせづける。かざりをはる。

☆穴のあいていないポリ袋をかぶるととてもあぶないよ！　かぶる前に空気穴をかならずあけてね。

モンスター

Monster!

ポシェット

Back

コート

材料 子ども用レインコート（ピンク）1着、レジ袋（白）2枚、柄つき折り紙　20～30枚、キラキラモール（ピンク）1メートル、色画用紙（黒）10センチ×10センチ

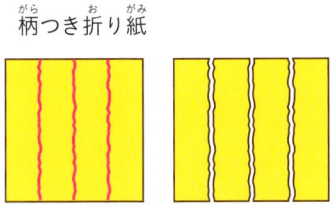

折り紙にはまっすぐちぎりやすい向きがあるよ！

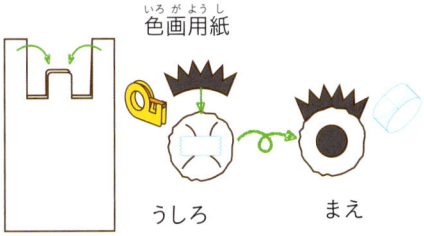

1 4分の1くらいの細さにたくさんちぎる。

2 レジ袋の持ち手を中におしこみ、そのまま丸くして、テープでとめる。まつげ、黒目をつくってはる。同じものを2つつくる。

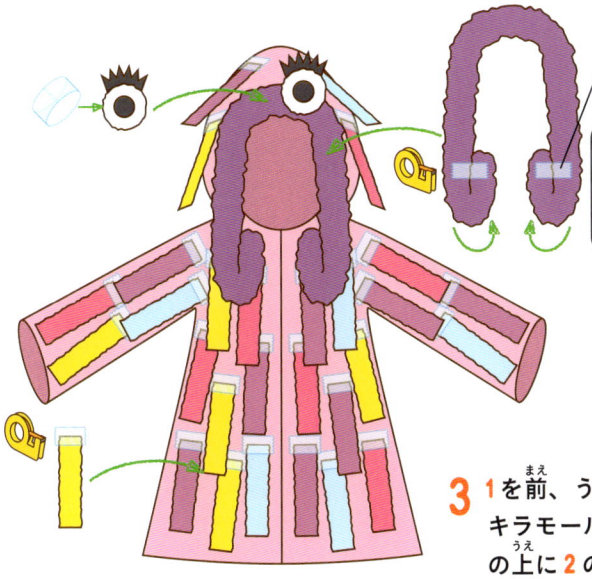

セロハンテープでわっかのテープをつくる。ベタベタのほうを上にしてわっかに！

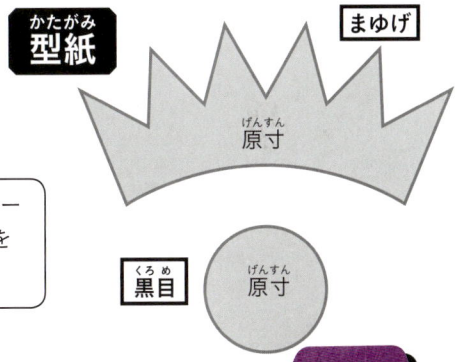

キラキラモールや目玉はわっかテープでつけよう！

3 1を前、うしろ、そで、フード全体にはる。キラキラモールをフードのふちにぐるっとつける。その上に2の目玉をはる。

ポシェット

材料 ティッシュ箱（中身入り）、色画用紙（緑）八つ切り1枚、（黄色）15×25センチ、リボン(むらさき)1メートル、ペットボトルのふた2つ、デコレーションボール(直径2.5センチ)白2個、つけまつげ2つ、フェルト3×5センチ（黒）、ポリ袋（むらさき）少し

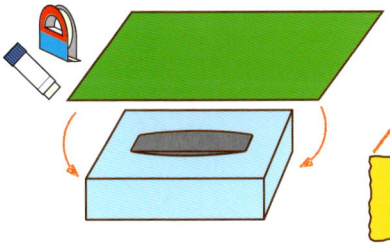

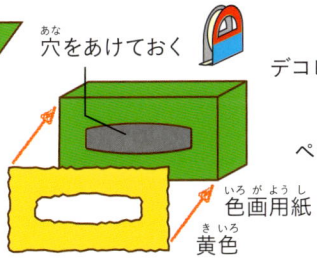

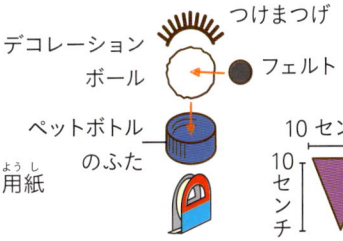

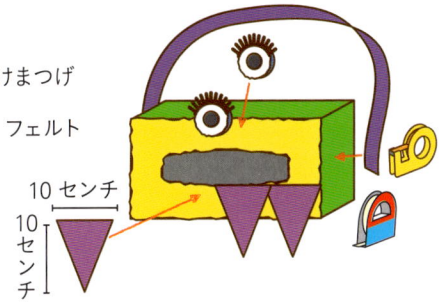

1 緑の色画用紙でティッシュの箱をくるむようにはる。角は折り、よぶんなところは切って、箱のサイズに合わせる。

2 ティッシュのサイズにあわせて切った紙を一度くしゃくしゃにしてからのばしてはる。

3 ペットボトルのふたの中にデコレーションボールをつめて、つけまつげ、丸く切ったフェルトをはる。

4 三角に切ったポリ袋、リボン、3をはる。

スパイダー

I'm Spider-Man!!

ポンチョ

材料 ポリ袋 45リットル（紫）1枚、（白）半分、平ゴム（白）1メートル、キラキラテープ

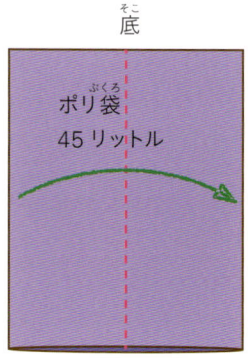

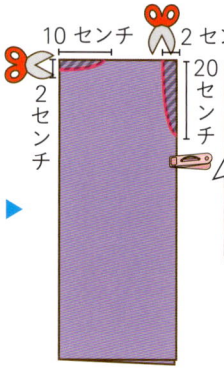

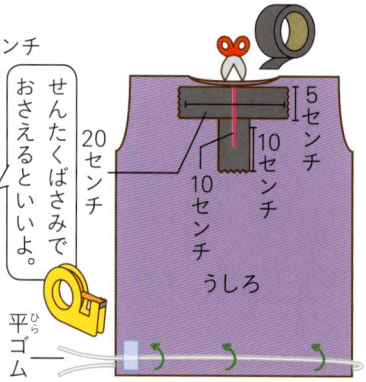

1 紫のポリ袋をたて半分に折る。

2 首、うでが出るところを切りとる。

3 平ゴムをすそにぐるっとはさんでとめる。ギャザーをよせて結ぶ。背中側にTの字にガムテープをはって、切りこみを入れる。

4 前側にうらがえして前の1枚だけ切りこみを入れ、広げてとめる。白ポリ袋を切ったくもの巣をはる。

ぼうし

材料

☆モデルさんは128センチです。身長に合わせて調整してね！

発泡スチロール製どんぶり（大きめ、直径18センチ×高さ8センチくらい）1個、厚紙15×15センチ、ポリ袋45リットル（黒）半分、レジ袋（白）2枚、曲がるストロー（青）8本、ティッシュペーパー、毛糸（極太）（紫）1玉、色画用紙（黒）5センチ×10センチ

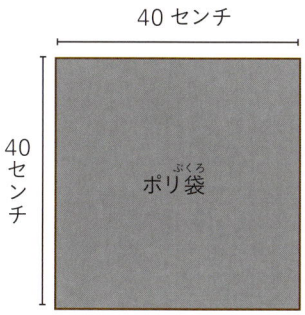

1 ポリ袋を40センチ×40センチくらいに切る。

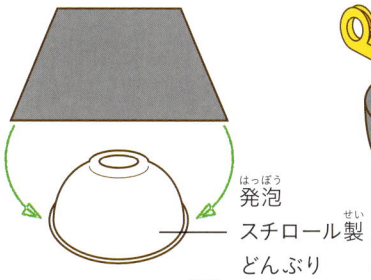

2 どんぶりにポリ袋をかぶせる。

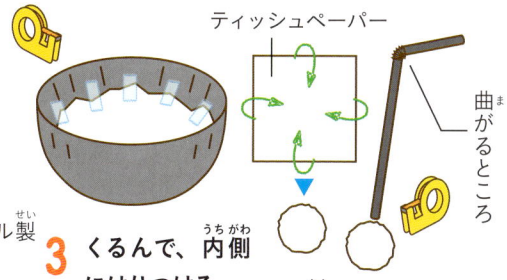

3 くるんで、内側にはりつける。

4 足をつくる。ストローの先に丸めたティッシュをつけたものを8本つくる。

5 目玉をつくる。レジ袋の持ち手を中におしこみ、丸くしてテープでとめる。色画用紙の黒目をはる。同じものを2つつくる。

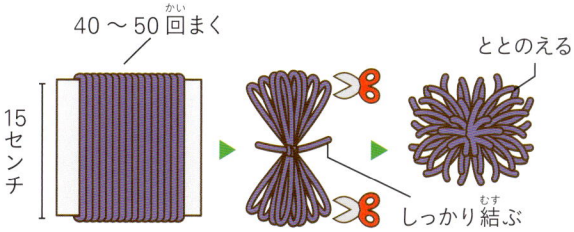

6 毛糸のポンポンをつくる。厚紙にぐるぐるまいてからはずし、まん中をしっかり結んでからわを切る。

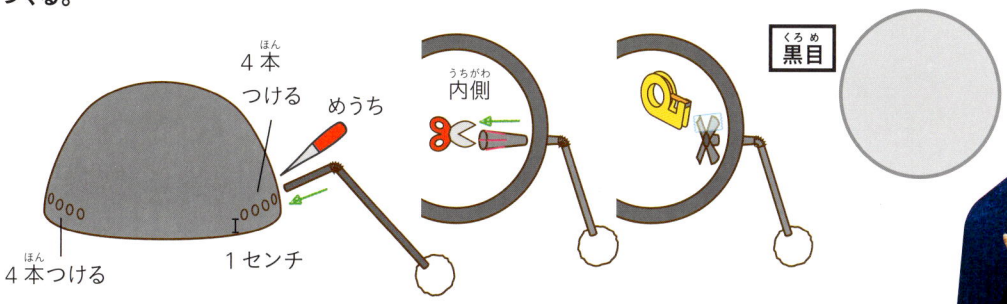

7 どんぶりに穴をあけ、ストローをとおしたら、切りこみをいれてひらいて内側ではる。

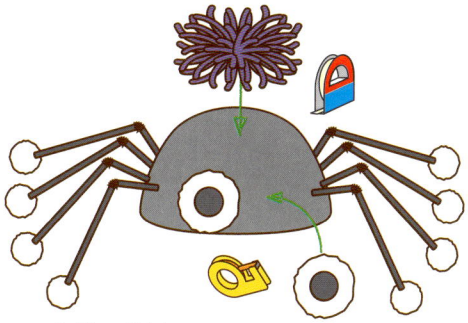

8 目玉と毛糸のポンポンをつける。

かんたん　へんしん
おめん

がいこつ

くろねこ

かぼちゃ

こうもり

おめん

材料　牛乳パック1パック、色画用紙（黒）3×20センチ2本、輪ゴム2本、色画用紙【黒ねこ】（黒）10センチ×15センチ【かぼちゃ】（オレンジ）10センチ×15センチ、（緑）5センチ×5センチ【こうもり】（青）10センチ×15センチ、（黄色）3センチ×2センチ

1 牛乳パックを切り広げる。

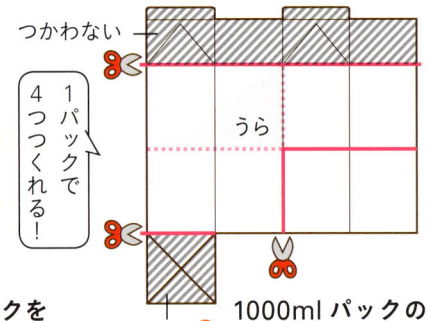

2 1000mlパックの場合は4分の1を切りとる。

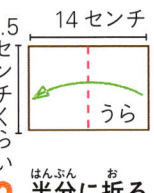

3 半分に折る。

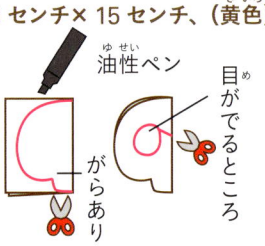

4 油性ペンで右ページの型紙にそって線をかき、切りとる。

5 がいこつのもようは牛乳パックのうらの白にかく。他のおめんはそれぞれ色画用紙をはる。

★かたくて切りづらいときははさみの根元で切るといいよ。

型紙

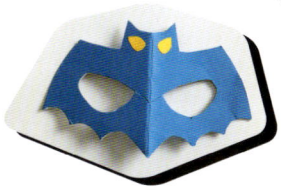

こうもり

かぼちゃ

くろねこ

がいこつ

ねこのひげやかぼちゃのすじなどをかいてね！

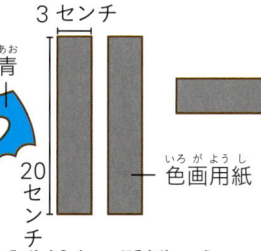

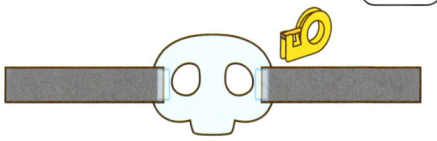

きつかったら輪ゴムの数を増やしてね！

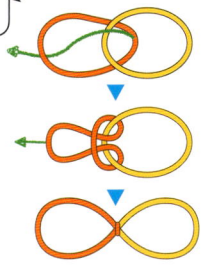

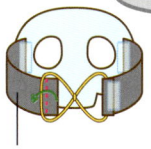

6 色画用紙を細長く切り、おびをつくる。5のうらの左右につける。

7 輪ゴム2本をつなぎ、おびのはしを折ってつなぐようにつける。

かんたん へんしん スリッパ

写真右

（小さいサイズ）
ブタ、かぼちゃ、
むらさきねこ、かぶと虫
☆モデルの足サイズ　20センチ
（23～24センチまでの子ははけるよ）

写真左

（大きいサイズ）
くろねこ、かぼちゃ
☆モデルの足サイズ　23センチ

左がわの大きいサイズは
（大人でもOK）
ぜんぶ広げたサイズから
スタートして折ってね！

スリッパ

材料

新聞紙見開き1枚、折り紙　15センチ×15センチ【くろねこ】（黒）1枚、（ピンク、黄色）少し
【ブタ】（ペールオレンジ）1枚、（オレンジ）少し　【かぼちゃ】（オレンジ）1枚、（黒）1枚
※スリッパサイズ大小ともに　【むらさきねこ】（うす紫）1枚、（黒、ピンク）少し
【かぶと虫】（黒）2枚、（赤、白）少し

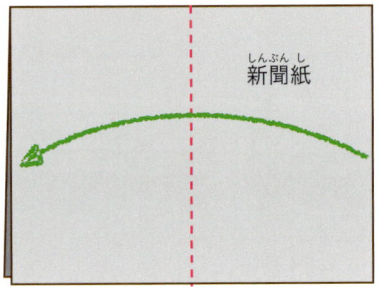

1 新聞紙の見開きの半分をさらに半分に折る。

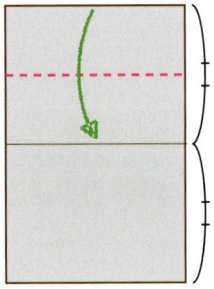

2 上半分をまん中まで折る。

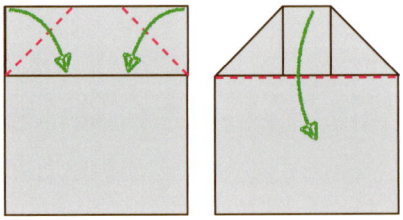

3 左右の角をななめに折る。

4 もう1回まくように折る。

★このスリッパは室内用です。　☆教室や部屋の中ではいて走るとあぶないよ！

型紙

くろねこ

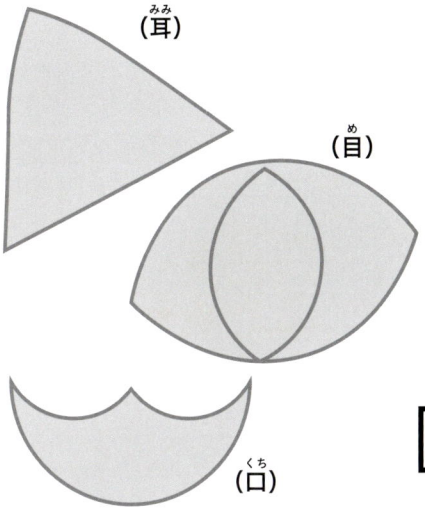

かぼちゃ(大)

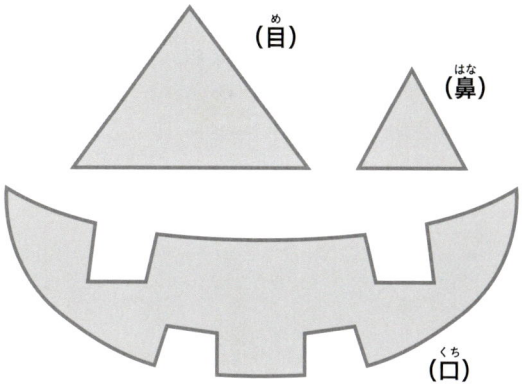

ブタ

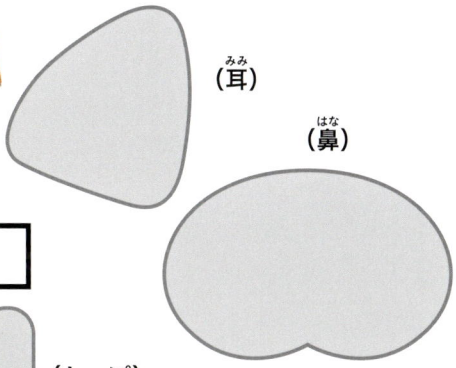

かぼちゃ(小)

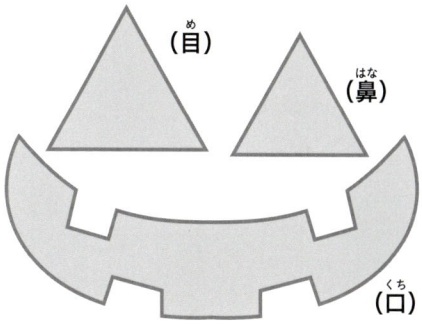

むらさきねこ

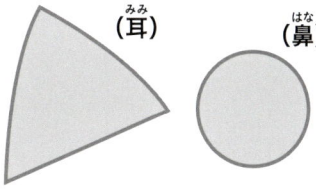

かぶと虫

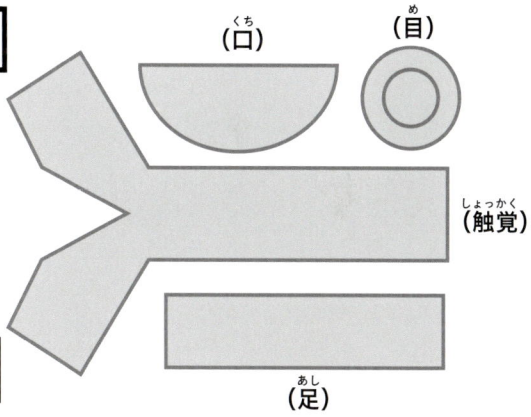

折ったところ

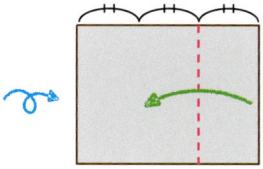

5 裏返して３等分したところで折る。

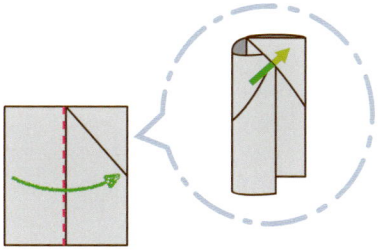

6 反対側を重ねて折る。角の三角のところにさしこむ。

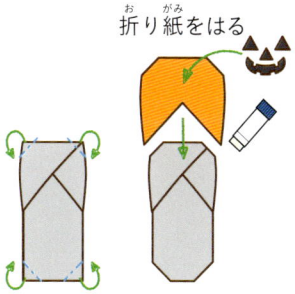

7 下の角を中に折りこむ。折り紙をはり、上の型紙から切りぬいた顔や足をはる。

星の折りかた

材料 折り紙 15×15センチ 1枚

谷折り
山折り

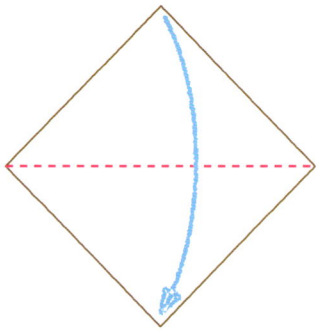

1 半分に折る。

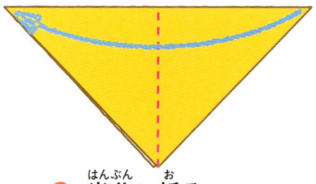

2 半分に折る。

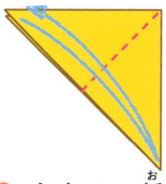

3 ななめに折りすじをつける。

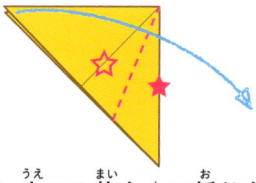

4 上の1枚を☆の折りすじと★のふちが合うように折る。

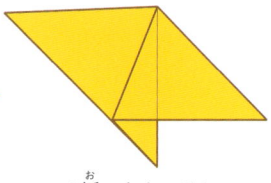

<折ったところ>

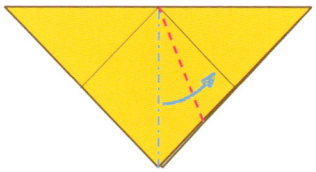

5 2の形まで広げ、上の1枚を点線で谷折り、山折りする。

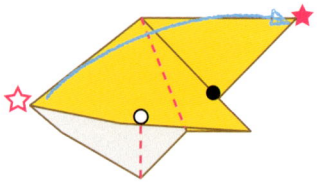

6 ☆が★に、○が●に重なるように折る。

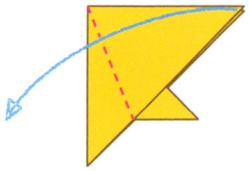

7 上の1枚をめくるように折る。

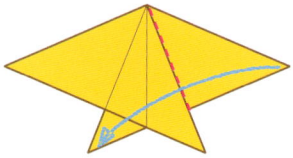

8 図のように向きを変え、角と角が合うように折る。

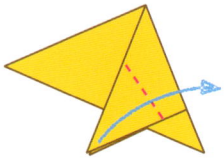

9 点線で折りかえす。

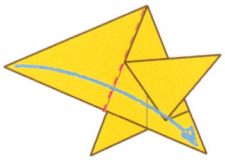

10 角と角が合うように折る。

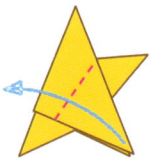

11 点線で折りかえす。

<折ったところ>

12 うらがえしてできあがり。

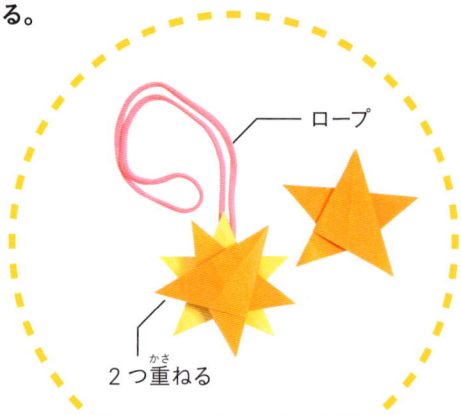

P8 魔女のペンダント
P12 リトル Witch のステッキ

P15　かぼちゃのベストの顔の型紙
P24　デビル

かぼちゃの目

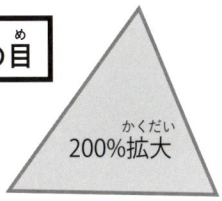

かぼちゃの口

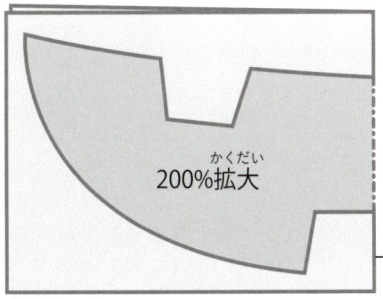

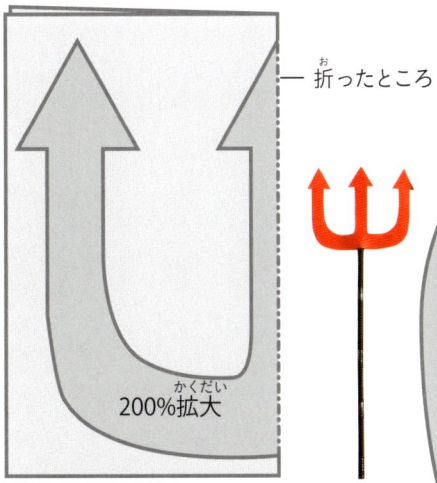

デビルのステッキ

デビルのつの

デビルのはね

はね

材料　色画用紙（黒）　八つ切り3枚、平ゴム80センチ

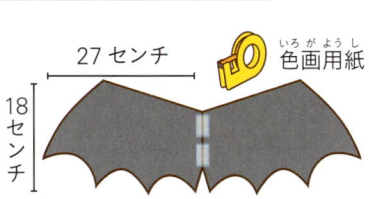

1 はねの形に2枚切ってつなげる

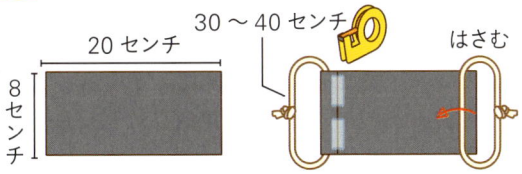

2 黒い紙を長方形に切り、わにした平ゴムをはさんではる。

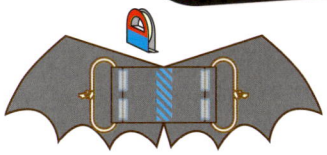

3 1のまん中の（　）の部分に2をつける。

P22　がいこつのほねの型紙

さこつ

※2枚つくってね

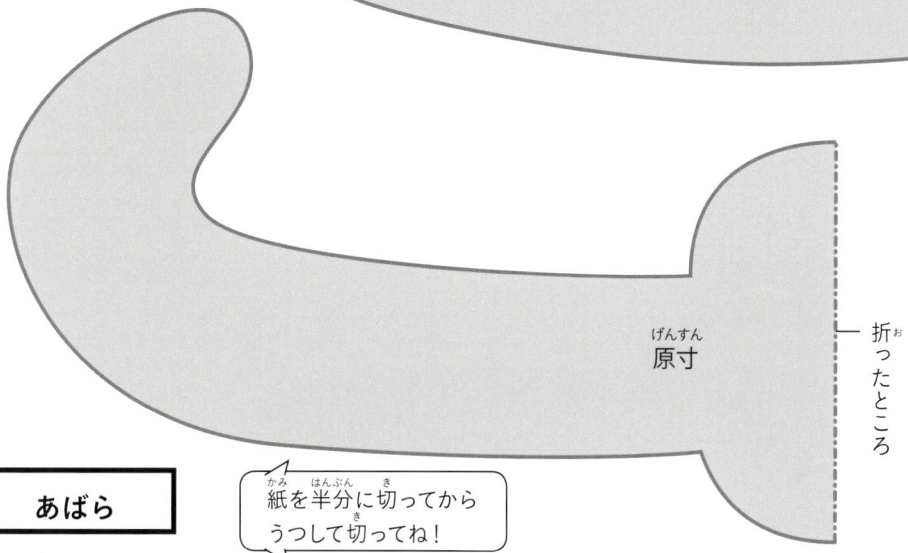

あばら

※5枚つくってね

紙を半分に切ってから
うつして切ってね！

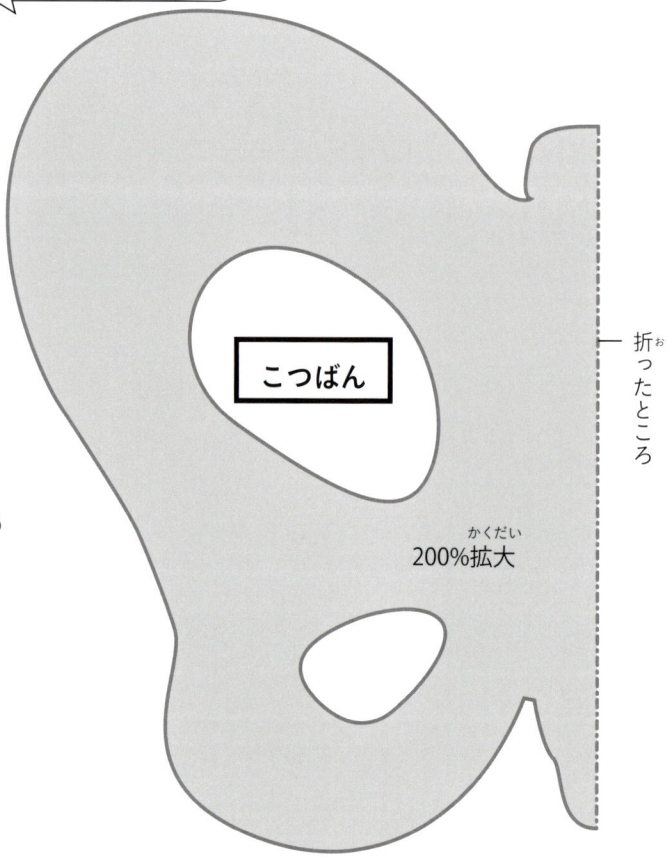

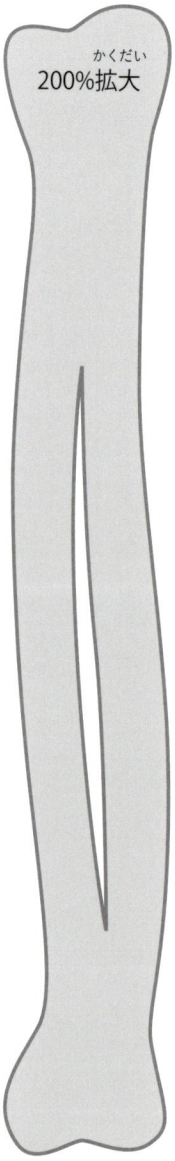

足のほね

※2枚つくってね

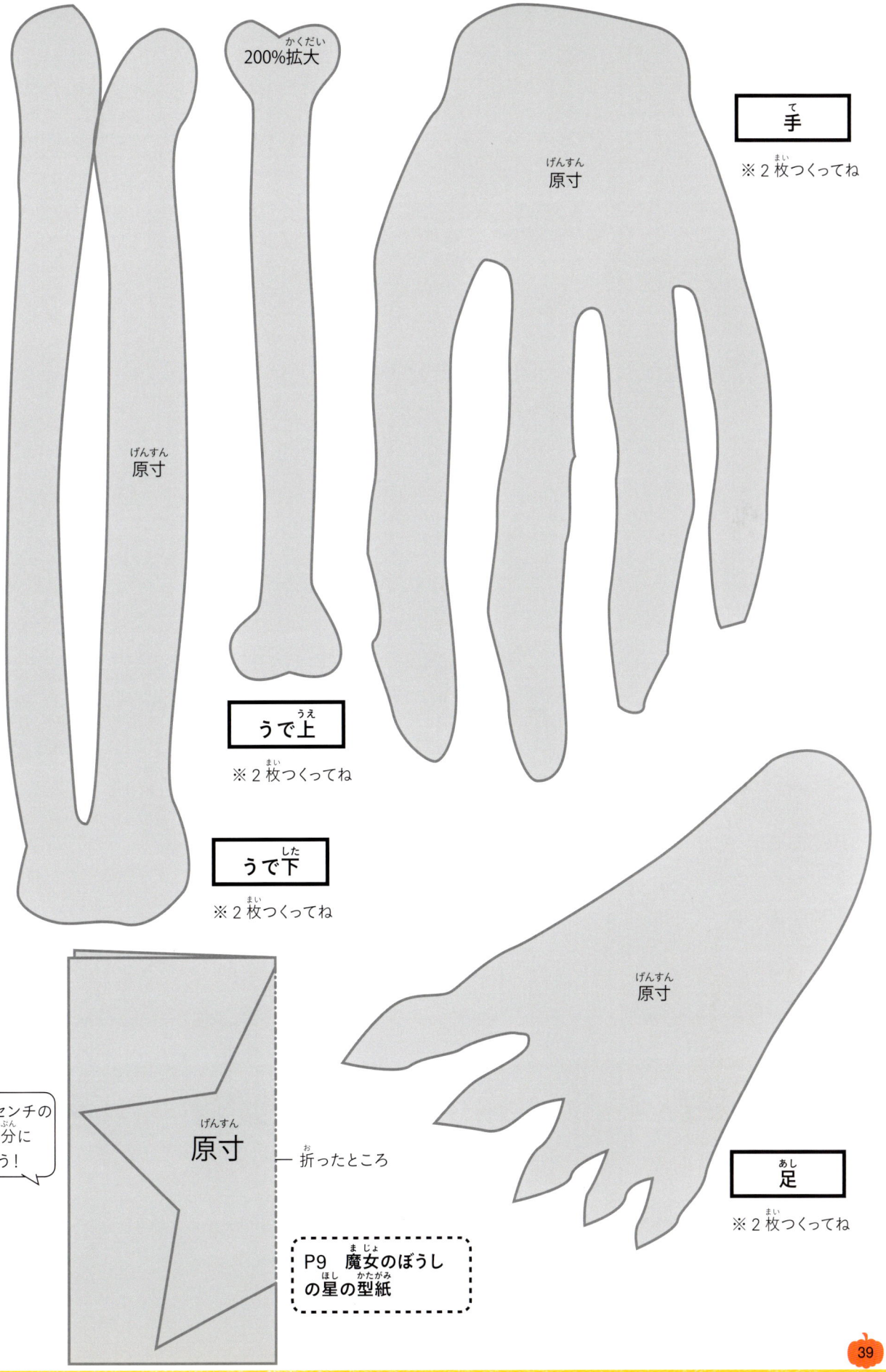
200%拡大
げんすん
原寸
げんすん
原寸
手
※2枚つくってね
うで上
※2枚つくってね
うで下
※2枚つくってね
げんすん
原寸
げんすん
原寸
7.5×7.5センチの
折り紙を半分に
折って切ろう！
折ったところ
足
※2枚つくってね
P9 魔女のぼうし
の星の型紙

作　いしかわ☆まりこ

千葉県生まれの造形作家。
おもちゃメーカーにて開発・デザインを担当後、映像制作会社で幼児向けビデオの制作や、NHK「つくってあそぼ」の造形スタッフをつとめる。現在はＥテレ「ノージーのひらめき工房」の工作の監修（アイデア、制作）を担当中。
工作、おりがみ、立体イラスト、人形など、こどもや親子、女性向けの作品を中心に、こども心を大切にした作品をジャンルを問わず発表している。親子向けや指導者向けのワークショップも開催中。
著書に「かんたん！かわいい！おりがみあそび①～④」（岩崎書店）、「たのしい！てづくりおもちゃ」「おって！きって！かざろうきりがみ」〈2冊とも親子であそべるミニブック〉（ポプラ社）、「みんな大好き！お店やさんごっこ - かんたんアイテム150」（チャイルド本社）、「ラクラク！かわいい！！女の子の自由工作BOOK」（主婦と生活社）などなど。

写真　安田仁志
図版作成　もぐらぽけっと
デザイン　池田香奈子
協力　ひびのさほ

モデル　（※身長は撮影時）
美乃里フラナガン<シュガーアンドスパイス>（153センチ）
愛華フラナガン<シュガーアンドスパイス>（127センチ）
武智知寿（128センチ）
武信今（115センチ）

おりがみ提供
協和紙工株式会社
〒799-0422
愛媛県四国中央市中之庄町1694-2
TEL　（0896）23-3533
100円ショップなどで購入ができます。

魔女やおばけに変身！
楽しいハロウィン工作
❶ かぼちゃ・ドラキュラほか

2017年9月　初版第一刷発行

作　いしかわ☆まりこ
発行者　小安宏幸
発行所　株式会社汐文社

〒102-0071
東京都千代田区富士見1-6-1
TEL 03-6862-5200　FAX 03-6862-5202
http://www.choubunsha.com

印刷　新星社西川印刷株式会社
製本　東京美術紙工協業組合

ＩＳＢＮ 978-4-8113-2397-8